Manfred Kleine-Hartlage
KONSERVATIVENBESCHIMPFUNG

Über den Autor

Manfred Kleine-Hartlage, geboren 1966, ist Diplom-Sozialwissenschaftler in der Fachrichtung Politische Wissenschaft und bekannt als rechter Islam- und Globalismuskritiker. Er lebt mit seiner Familie in Berlin.

Buchveröffentlichungen: *Das Dschihadsystem. Wie der Islam funktioniert* (Gräfelfing 2010), *»Neue Weltordnung«. Zukunftsplan oder Verschwörungstheorie?* (*Reihe kaplaken*, Bd. 30, Schnellroda 2011), *Warum ich kein Linker mehr bin* (*Reihe kaplaken*, Bd. 33, Schnellroda 2012), *Die Sprache der BRD. 145 Unwörter und ihre politische Bedeutung* (erweiterte Neuauflage: Schnellroda 2018) *Die liberale Gesellschaft und ihr Ende* (Schnellroda 2013), *Die Besichtigung des Schlachtfelds* (Schnellroda 2016) und *Ansage* (*Reihe kaplaken* Bd. 62, Schnellroda 2019).

MANFRED KLEINE-HARTLAGE

KONSERVATIVEN-BESCHIMPFUNG

VERLAG ANTAIOS
kaplaken 68

© 2020 Verlag Antaios · Schnellroda
www.antaios.de

Buchgestaltung: Oktavo, Hohen Wangelin
Satz: impulsar-werkstatt.de
Gedruckt in Deutschland

Die Deutsche Bibliothek – CIP-Einheitsaufnahme
Manfred Kleine-Hartlage:
Konservativenbeschimpfung
Reihe *kaplaken*, Bd. 68, 80 Seiten, gebunden
Erste Auflage, Verlag Antaios, Schnellroda 2020

ISBN: 978-3-944422-68-8

Inhalt

Vorbemerkung 7

Ein Dilemma des Konservatismus 13

Wie aus Stärken Schwächen werden 20

Untertanengeist 24

Charakterlosigkeit 36

Bauernschläue 41

Lernen vom Gegner 49

Strategische Konsequenzen 63

Fazit 71

Anmerkungen 75

Vorbemerkung

Als ich vor einem guten halben Jahr meine *Ansage*[1] eines Rechten an die Linken schrieb, mußte ich mich zusammenreißen, um nicht vom Thema abzukommen: Mir wurde nämlich klar, daß nicht nur die Linken, sondern auch die Konservativen einer Ansage bedürften. Ich beschränkte mich auf einen Seitenhieb und nahm mir vor, dem Thema ein eigenes Buch zu widmen, eine Konservativenbeschimpfung analog zu Armin Mohlers *Liberalenbeschimpfung*[2].

Ich bin, wie viele wissen, kein geborener, sondern ein gelernter Rechter, der erst nach seinem vierzigsten Lebensjahr zur rechtsoppositionellen Szene gestoßen ist. Sich in ein Milieu zu begeben, in dem man nicht sozialisiert worden ist, bringt Vor- und Nachteile mit sich: Ein Vorteil ist zweifellos, daß man die milieuspezifische Betriebsblindheit nicht teilt; daß man also noch imstande ist, sich über Mentalitäten, Haltungen und Vorurteile zu wundern, die für die in der Wolle gefärbten Angehörigen des jeweiligen Milieus unhinterfragbare Selbstverständlichkeiten sind, die sie nicht einmal zum Zwecke ihrer Verteidigung diskutieren würden, weil ihnen gar nicht erst in den Sinn kommt, daß man sie kritisieren könnte.

Tut es doch einer, greifen zirkulär strukturierte Selbstabschottungsmechanismen: Dem Kritiker, sofern man ihn überhaupt eines Arguments würdigt, wird seine Mißachtung eben jener Mentalitäten vorgeworfen, denen seine Kritik gilt. Wer etwa das konservative Verständnis von »Seriosität« hinterfragt, hat sich allein schon damit als unseriös disqualifiziert. Solche Mechanismen gibt es zweifellos in allen ideologischen Gemeinschaften, nicht nur unter Konservativen. Die Linken etwa haben gute Aussichten, an ihnen zu scheitern. Die Gefahr ist nur, daß sie von Konservativen respektive deren eigener Lernunfähigkeit gerettet werden.

Nein, ich spreche hier nicht nur und nicht einmal überwiegend vom Mainstreamkonservatismus, der in der CDU oder der katholischen Kirche seine institutionellen Verkörperungen gefunden hat und bezüglich dessen man das Wort »konservativ« strenggenommen nur mit naserümpfenden Anführungszeichen verwenden darf, weil er kaum mehr repräsentiert als eine korrupte Schrumpfform, in der gerade die verdorbenen Aspekte des Konservatismus überlebt haben, insbesondere die servile Anbetung etablierter Macht. Wandert die Macht nach links, so tut es auch der Mainstreamkonservative, redet sich seinen Verrat als »Pragmatismus« und »Modernität« schön und bedeckt seine Blöße allenfalls mit dem Feigenblatt einer scheinkonservativen Phraseologie.

Dabei gibt es durchaus auch genuine Konservative, also solche, die dem Establishment kritisch bis oppositionell gegenüberstehen, weil sie viel Bewahrenswertes bewahren wollen, das die Mainstreamkonservativen auf den Altären der »Globalisierung«, der »Vielfalt«, der »westlichen Werte«[3], ihres eigenen Bankkontos und Dutzender anderer heidnischer Götzen zu opfern bereit sind.

Demgegenüber zeichnen genuine Konservative sich oft durch eine Standfestigkeit in der Sache aus, die man bewundern könnte, wenn …, ja wenn sie nicht mit der beschriebenen Unfähigkeit einherginge, dazuzulernen, und wenn diese Lernunfähigkeit nicht oft genug aus einer subtilen Art von geistiger Korruption resultierte. So wichtig es ist, Mainstreamkonservative und oppositionelle Konservative in der *politischen* Analyse voneinander zu unterscheiden, so wenig kann man doch ihre Herkunft aus denselben Milieus übersehen, deren Unfähigkeit, eine Nation zu führen, so offen zutage liegt, daß auch die Oppositionellen aus ihren Reihen allen Grund zur kritischen Selbstbefragung hätten: Diejenigen, die unser Land derzeit in den Abgrund regieren, stammen ebenso aus den konservativen und bürgerlichen Milieus wie wir. Woher nehmen wir also die Zuversicht, daß wir selbst es besser machen würden? Haben wir uns mit den Schattenseiten der bürgerlichen Mentalität – die es ja geben muß, wo ein historisch so beispielloses Maß an kollektiver Treu- und Charakterlosigkeit auftritt – wirklich so gründlich auseinandergesetzt, daß wir zuversichtlich behaupten dürfen, wir selbst, die oppositionellen Konservativen, seien dagegen gefeit? Haben wir angesichts einer spätestens seit den sechziger Jahren anhaltenden Niederlagenserie (deren vorläufiges Ende wir nicht der eigenen Stärke, sondern der Blindheit des Establishments verdanken) wirklich Anlaß zu Ignoranz und zur bloßen Behauptung, wir wären unkorrumpierbar? Zum Hochmut gegenüber einer Linken, die sicherlich viel dummes Zeug redet, aber doch irgend etwas richtig gemacht haben muß, weil sie sonst nicht dort stünde, wo sie steht? Gegenüber einer nichtbürgerlichen Rechten, die wir so gerne in die Schmuddelecke verbannen möchten – und zwar aus Angst vor dem vielzitierten Beifall von der falschen Seite und trotz unseres Wissens, daß immer noch der Gegner die Macht hat zu definieren, welche die richtige wäre? Gegenüber einem Proletariat, das von Anfang an den Kurs in Richtung Multikulti als einen Irrweg erkannte, auch zu einer Zeit, da viele von uns ihn wenigstens halbherzig mitgetragen haben?

So richtig es ist, daß die Linken politisch, moralisch und intellektuell am Ende sind, so wenig folgt daraus schon, daß Konservative sie in ihrer Eigenschaft als tonangebender Teil der Eliten ablösen werden, wie viele von ihnen immer noch hoffen. Diese Position hatten sie lange Zeit inne, und sie haben sie verloren. Sie zurückerobern zu wollen, ohne sich zuerst von den Untugenden zu befreien, denen man den Verlust verdankt, ist offenkundig ein utopisches Projekt. Der Untergang der Linken, den ich in *Ansage* prognostiziere, muß durchaus keine konservative Renaissance zur Folge haben: Er kann auch in den Untergang des ganzen Landes münden.

Auch wenn es sich von selbst verstehen sollte, möchte ich doch klarstellen, daß mit »dem« oder »den« Konservativen ein *Typus* gemeint ist, dem man häufig begegnet und der für bestimmte Teile des konservativen Spektrums repräsentativ ist. Welche Teile das sind, ergibt sich meist aus dem Zusammenhang. *Nicht* gemeint ist damit jedoch, daß jeder einzelne Mensch, der sich als konservativ versteht, die genannten Eigenschaften hätte. Insbesondere von den Themen »Opportunismus«, »Konformismus«, »Untertanengeist«, »Charakterlosigkeit« und »Bauernschläue«, die in diesem Buch eine Rolle spielen, braucht sich durchaus nicht jeder angesprochen zu fühlen. Wer sich aber angesprochen *fühlt* – nun, der dürfte im Zweifel auch gemeint sein.

Ein Dilemma des Konservatismus

Wenn künftige Historiker den spätestens seit den sechziger Jahren unübersehbaren Aufstieg der Linken und den gleichzeitigen Niedergang der Konservativen werden erklären müssen, wird ihnen zunächst die Bereitschaft der letzteren auffallen, sowohl ideologische Positionen als auch Machtpositionen kampflos preiszugeben: Waren konservative Köpfe noch in den fünfziger Jahren tonangebend in den Medien, der Wissenschaft, der Politik und überhaupt allen wesentlichen ideologieproduzierenden Instanzen, so wurden sie nach und nach aus ihnen verdrängt. Dieser Vorgang begann nicht erst, wie die Legende will, 1968, nahm aber in der Tat gegen Ende der sechziger Jahre Tempo auf, als zahlreiche Universitäten neu gegründet, insbesondere sozial- und geisteswissenschaftliche Fachbereiche ausgeweitet und, damit einhergehend, Tausende neuer Stellen für Ideologen geschaffen wurden. Dies schuf die Voraussetzung für eine gezielte Personalpolitik, im Zuge derer Verfechter konservativer Positionen nicht nur in relativen, sondern sogar in absoluten

Zahlen an Boden verloren, wobei die verbleibenden dazu tendierten, sich dem scheinbar aus dem Nichts kommenden Zeitgeist anzupassen.

Das einst unbestrittene Leitparadigma der Führungsschichten der BRD ist seither zur Weltanschauung einer Minderheit geschrumpft, deren Angehörige nicht einmal die Macht haben, sich gegen offensichtlich orchestrierte Verleumdungskampagnen des weit nach links gedrifteten Establishments wirksam zur Wehr zu setzen.

Ein solcher Vorgang setzt auf Seiten der absteigenden Partei eine tiefe Verunsicherung voraus: Offenbar haben Konservative den Glauben an sich selbst und die Tragfähigkeit ihrer ideologischen Positionen verloren. Ihre Unfähigkeit, zum Gegenangriff überzugehen, verbunden mit der Bereitschaft, sich linke Ansichten zu eigen zu machen und im Chor mit den Linken jeden Konservativen oder Rechten zu verteufeln, der dies nicht tut, deuten geradezu auf einen Minderwertigkeitskomplex gegenüber der Linken hin.

Das hat zum einen sicherlich mit einer gerade in konservativen Kreisen unausrottbaren Untertanengesinnung zu tun, die zu dem gesellschaftlich mächtigeren Akteur aufschaut und ihm – gegebenenfalls sogar wider die eigene bessere Einsicht – das größere Urteilsvermögen zutraut, und hätte er dieses Zutrauen tausendfach enttäuscht. Wir werden darauf zurückkommen.

Bevor wir aber diesen Grenzbereich zwischen Soziologie und Psychologie erkunden, gilt es, das im engeren Sinne ideologische Dilemma zu beleuchten, in das Konservative einfach dadurch geraten, daß ihre Ideologie eben konservativ ist.

Das ist keine Frage des besseren oder schlechteren Arguments, sondern hat damit zu tun, daß das Verhältnis der Theorie – genauer: der Aussagen über die Wirklichkeit – zur Wirklichkeit *selbst* im Bereich des Sozialen noch vertrackter ist als in den Naturwissenschaften. Gilt selbst dort, daß es eine »reine«, neutrale Beobachtung, also eine, die die Wirklichkeit unverändert läßt, nicht geben kann, so gilt dies um so mehr für die Beobachtung der gesellschaftlichen Wirklichkeit:

Der Konservative verteidigt (*wenn* er es denn tut) unter anderem Familie, Tradition, Kirche, Vaterland – also *gewachsene*, nicht *konstruierte* Strukturen, und die mit ihnen verbundenen Werte. Strukturen, die gerade *deshalb* funktionieren, *weil* sie gewachsen sind, also von niemandem gezielt und bewußt geplant wurden, und um so *besser* funktionieren, je weniger sie in Frage gestellt werden.

Es gibt Tausende guter Argumente, warum gewachsene Solidaritäten, etwa innerhalb einer Familie oder eines Volkes soziale Notwendigkeiten sind und in ihrer Funktion nicht ersetzt werden können. Unglücklicherweise handelt es sich um theoretische Argumente, die mit den ebenso theoretischen Warum-denn-nicht-Gegenargumenten der Linken zu ringen haben. Schlagend beweisen kann man die Unersetzlichkeit dieser Strukturen letztlich nur dadurch, daß man sie zerstört und dann feststellt, daß weit und breit kein Ersatz in Sicht ist. Dann aber ist es zu spät.

Da es sich zudem um *Solidaritäts*strukturen handelt, also um solche, die von der unterstellbaren Gegenseitigkeit leben, hat die unaufhörliche linke Propaganda zumindest *die* Wirkung, das Mißtrauen gegen den Nächsten zu stärken. Wer Anlaß zu der Vermutung hat, er selbst würde im Notfall von der Solidargemeinschaft nicht getragen werden, wird seinerseits weniger in ihr Gedeihen investieren. Im Normalbetrieb kann diese Schwächung über Generationen hinweg latent bleiben, der Ernstfall bringt sie erbarmungslos an den Tag.

Daß Aussagen über die Wirklichkeit eben diese Wirklichkeit verändern und man Strukturen bloß für nichtexistent, irrelevant, repressiv, reaktionär etc. erklären muß, um sie zu schwächen, ist ein Sachverhalt, den die Linke früh erkannt und sich zunutze gemacht hat.

Im Grunde beruht das linke Projekt auf fehlgeleiteter Religiosität: Es ist der Versuch, das Reich Gottes im Diesseits und ohne Gott herbeizuzwingen. Gesellschaftliche Strukturen und Mentalitäten, die dem linken Projekt im Wege stehen, können aus dieser Perspektive keine Notwendigkeiten darstellen, können nur zerstörenswert sein, weil sie die Errichtung des säkularen Neuen Jerusalem behindern. Zeitigen die einzelnen Schritte dieses Zerstörungswerks, das die Linke als Heilswerk mißdeutet, unerwünschte und vor allem unvorhergesehene Rückwirkungen – an sich ein deutlicher Hinweis auf die Fehlerhaftigkeit der zugrunde liegenden Theorie –, so zieht die Linke daraus nicht etwa den naheliegenden Schluß, ihre Ideologie zu überdenken, sondern folgert im Gegenteil, ihre Utopie sei noch nicht umfassend genug verwirklicht und müsse erst recht verfolgt werden. Indem sie den Beweis beziehungsweise die Widerlegung ihrer Theorien also in eine nie erreichbare Zukunft, eine Art diesseitiges Jenseits, verlegt, immunisiert sich die Linke gegen jede durch empirische Fakten untermauerte Kritik.

Konservative haben eine instinktive Abneigung dagegen, sich mit einer solchen Linken auf Debatten einzulassen: Solange der einzelne in seinem quasireligiösen linken Wahnsystem befangen bleibt, ist er gegen Argumente immun. Indem man aber mit ihm diskutiert und die von ihm kritisierten Strukturen verteidigt, gesteht man ihm, und sei es nur theoretisch, zu, daß er recht haben *könnte*. Was nicht als Selbstverständlichkeit akzeptiert, sondern durch und aufgrund von Argumenten gestützt und bejaht wird, kann im Prinzip immer auch verneint werden. Für Strukturen, die gerade davon leben, nicht hinterfragt, sondern akzeptiert zu werden, ist diese Art konservativer Verteidigung ein Medikament mit schwerwiegenden Nebenwirkungen. Letztlich ist Glaube, nicht Räsonnement die Grundlage menschlicher Solidarität.[4]

Es gibt also für Konservative gute Gründe, es dabei zu belassen und eine systematische Herleitung ihrer Begriffe gar nicht erst zu versuchen. Daß diese Begriffe sich bewährt haben, spontan von jedermann geteilt werden, der nicht darauf konditioniert wurde, sie abzulehnen, und weder existieren könnten noch verwendet würden, wenn ihnen kein empirisches Äquivalent gegenüberstünde und sie keine soziale Funktion erfüllten, sollte ausreichen, die linken Dekonstruktionsversuche zurückzuweisen. Ein Problem vieler Konservativer ist, daß diese guten Gründe ihnen naturgemäß nicht geläufig sind.

Wie aus Stärken Schwächen werden

Die Selbstverständlichkeit, mit der sie von Kindesbeinen an an Familie, Kirche und Vaterland geglaubt haben, erscheint ihnen im Vergleich zu den anspruchsvollen und komplexen Theoriegebäuden der Linken als peinlich schlicht, ja geradezu primitiv. Ihnen weiter anzuhängen, so scheint es ihnen, hieße den eigenen Anspruch auf Zugehörigkeit zur Elite zu dementieren.

In Wahrheit verhält es sich genau umgekehrt: Die Linken treiben einen enormen Theorieaufwand, *weil sie es nötig haben!* Dieser Aufwand ist der Preis dafür, daß ihre Theorien auf der systematischen Mißachtung grundlegender anthropologischer Wahrheiten beruhen und deshalb nur durch immer atemberaubendere Konstruktionen aus Hilfshypothesen halbwegs vor dem Zusammenbruch bewahrt werden können.

Was dem Konservativen wie eine Schwäche erscheint, nämlich daß es ihm schwerfällt und sogar widerstrebt, seine Positionen zu begründen, ist also in Wahrheit eine Stärke, denn es ist die Kehrseite der Tatsache, daß konservative Positionen praktisch jedermann unmittelbar einleuchten. Das (und nur das!), worüber man gar nicht erst lang nachzudenken braucht, um es zu bejahen, taugt als Grundlage eines gesellschaftsweiten Grundkonsenses. Was hingegen komplizierter Begründungen bedarf, weil es dem gesunden Menschenverstand ins Gesicht schlägt und der sichtbaren Wirklichkeit hohnspricht, taugt dazu offensichtlich nicht.

Dies ist übrigens der Grund dafür, warum eine von der Linken beherrschte Gesellschaft unmöglich eine freie Gesellschaft sein kann und wird: Jede Gesellschaft bedarf eines Konsenses. Ein Konsens über Positionen wie die, es gebe keine Völker, keine Geschlechter und so weiter, also über neulinke Positionen, kann sich unmöglich spontan und von unten einstellen. Wer ihn durchsetzen will, kann gar nicht anders, als ihn von oben zu erzwingen und eine regelrechte Gedankenpolizei auf den Bürger loszulassen.

Den Konservativen – nicht als Anhänger einer bestimmten Politik, sondern als Charaktertypus – gibt es in jeder Gesellschaft, wenn auch in kulturell jeweils spezifischer Ausprägung. Es handelt sich um Menschen mit einem ausgeprägten sozialen Empfinden (auch wenn die Linken, verblendet durch ihr eigenes sonderbares Verständnis von »sozialem Empfinden«, dies nicht wahrhaben wollen). Diesen Menschen ist es wichtig, eine konstruktive soziale Rolle zu spielen. Sie beginnen damit in ihrer eigenen Familie und setzen es fort in allen sozialen Zusammenhängen bis hin zum Staat. Sie möchten vorbildliche Stützen von Familie, Staat, Kirche und Gesellschaft, von Kaiser, Gott und Vaterland sein, und oft genug sind sie es ja auch.

Solche Menschen können gar nicht anders, als mit dem Apostel Paulus zu sagen: »Es gibt keine Obrigkeit außer von Gott; und die bestehenden sind von Gott angeordnet.« (Röm 13,1)

Dieser Charaktertypus, dem jede Rebellion von Natur aus zutiefst verhaßt ist, ist *deshalb* in jeder Kultur und Gesellschaft vertreten und normalerweise vorherrschend, weil eine Gesellschaft, in der es anders wäre, auf die Dauer nicht existieren könnte. Eine Gesellschaft freilich, in der es *nur* solche Konformisten gäbe, könnte es auch nicht.

So sehr Konformismus (nicht nur, aber auch) ein notwendiger Kitt ist, der zentrifugale Tendenzen einer Gesellschaft in Schach hält, so sehr beeinträchtigt er ihre Fähigkeit, Probleme zu erkennen und zu lösen. Eine nonkonformistische Opposition als Gegenpol zur etablierten Macht ist kein Luxus, sondern eine gesellschaftliche Notwendigkeit. In normalen Zeiten und unter normalen Umständen fällt diese Rolle der Linken zu. Die heutigen Zeiten sind aber alles andere als normal: Die politische Linke ist fest in das herrschende Machtkartell eingepaßt und fällt daher als Widerlager aus, die Rolle der Opposition muß von der Rechten ausgefüllt werden, bestehend zu einem erheblichen Teil aus Konservativen, denen zur Erfüllung einer solchen Aufgabe die seelische Grundausstattung fehlt.

Untertanengeist

Ihre tiefe Loyalität gegenüber etablierten sozialen Strukturen hat nämlich die Kehrseite, daß sie in der Regel gleichbedeutend mit einer ebenso tiefen Loyalität gegenüber etablierten Eliten und herrschenden Klassen ist. Die oben angesprochene konservative Auffassung von »Seriosität« etwa meint oft genug und bei Licht betrachtet nichts anderes als die Anschlußfähigkeit an die Diskurse etablierter Eliten, deren obendrein meist unausgesprochene Prämissen der Konservative – ebenfalls implizit – auf diesem Wege als unhinterfragbare Gegebenheiten akzeptiert.

Wer zum Beispiel informelle Machtstrukturen thematisiert, sieht sich von dieser Sorte Konservativer – nicht anders als von den amtlich bestallten Hexenjägern des Establishments – schnell als »Verschwörungstheoretiker« abgestempelt, dem es wohl an »Seriosität« mangeln müsse. Es liegt auf der Hand, daß solche Konservativen sich schwertun, die Konsequenzen einer Ideologie zu kritisieren, deren Prämissen sie selbst aufgrund eines offensichtlichen Untertanenvorurteils der Kritik entrückt haben. Das biedere Aufschauen zum Establishment mitsamt der untertänigen Hinnahme seiner Sprachregelungen und Schlagworte setzt die meisten Konservativen außerstande, die reichen Informationen zur Kenntnis zu nehmen, die das Establishment, wenngleich unfreiwillig, in seine Schlagworte gepackt hat und die man ihnen mit einem kritischen Blick durchaus entlocken kann. Sie können es nicht, weil sie diesen Blick nicht haben.

Um bei dem Wort »Verschwörungstheorie« zu bleiben: Man sehe nur, welche Art von Kritik mit diesem Wort diffamiert wird und welche Strukturen ihr Gegenstand sind: Lobbys, Geheimdienste, Elitenseilschaften, einflußreiche Stiftungen etc., vor allem aber die zwischen und innerhalb von ihnen existierenden kartellartigen Verflechtungen. Ein erheblicher Teil ihrer Tätigkeit erfolgt nicht einmal im Geheimen, sondern wird öffentlich erläutert – wenn auch in einer irreführenden PR-Sprache –, womit die Etikettierung »Verschwörungstheorie« sich erledigt haben sollte.

Daß das Establishment diese Kritik nicht etwa mit Argumenten zu widerlegen sucht (obwohl die meisten Einzeltheoreme im Sinne der Popperschen Wissenschaftstheorie prinzipiell falsifizierbar sind), sondern mit Totschlagworten operiert, die obendrein sachlich in grotesker Weise unangemessen sind, ist schon per se ein Hinweis darauf, daß die Kritik einen empfindlichen Nerv, vermutlich sogar eine tragende Säule der Herrschaft getroffen hat.

Konservative lassen sich oft von solchen Totschlagworten beeindrucken, denn sie neigen dazu, nur solche Kritik für »seriös« zu halten, die von den Herrschenden, also just den von ihr Betroffenen, gleichsam koscher gestempelt worden ist, und gleichen damit jenen von Lenin verspotteten deutschen Revolutionären, die keinen Bahnhof erstürmen können, wenn dessen Betreiber den Verkaufsschalter für Bahnsteigkarten geschlossen hat.

Etablierte Eliten müssen selbst keineswegs ideologisch konservativ sein, um sich der zumindest passiven Gefolgschaft der Konservativen sicher zu sein – nur etabliert müssen sie eben sein. Wer das nicht ist, und wäre er den Konservativen ideologisch noch so geistesverwandt, hat diese automatisch zu Gegnern. Dies ist der Kern des Zerwürfnisses zwischen Konservativen und Rechten im jeweils engeren Sinne des Wortes.

An dieser Stelle sollte ich meine Begrifflichkeit erläutern: Wenn ich von »Rechten« im Unterschied und Gegensatz zu »Konservativen« spreche, so meine ich damit nicht »Extremisten« im Gegensatz zu »Gemäßigten«. Ich meine überhaupt keinen Unterschied der politischen Werte und Ziele, sondern einen solchen der Mentalität und des Habitus. Man könnte auch von »bürgerlichen« und »nichtbürgerlichen« Konservativen beziehungsweise Rechten sprechen, verstrickte sich damit aber in die Problematik des Begriffs »bürgerlich«, von der noch die Rede sein wird.

Der »Rechte« im Sinne meiner Definition hat kein Problem damit, in der herrschenden Klasse eine Verbrecherbande zu sehen. Der Rechte kann, wenn es sein muß, ein Staatsfeind sein, der Konservative höchstens ein Oppositioneller, dessen Opposition zwar heftig sein kann, doch stets wohlerzogen sein wird und niemals ohne das Beiwort »loyal« auskommt. Amtlicherseits in die Bürgerpflicht genommen, rückt der Konservative die Krawatte zurecht, nimmt Haltung an und läßt sich an staatstragender Gesinnung von niemandem übertreffen.

Zwischen dem bewußten Denken des Konservativen und seiner sozialen Orientierung besteht daher naturgemäß ein potentieller Gegensatz. Solange die herrschenden Eliten selbst konservativ sind oder dies zumindest glaubhaft vorspiegeln, bleibt dieser Gegensatz (den man, wenn auch in polemischer Verkürzung, durchaus als einen solchen zwischen Tugend und Karriere betrachten kann) latent. An den Tag bringt ihn erst ein Fall, der im Weltbild des Konservativen nicht vorgesehen ist: daß nämlich die gesellschaftlichen Führungsschichten praktisch unisono in der gesamten westlichen Welt auf eine Politik der Revolution von oben setzen. (Die Behauptung, dies sei der Fall, ist selbstredend eine völlig unseriöse Verschwörungstheorie ...)

Die Beseitigung des Nationalstaats mitsamt seiner Grundlage, den ihn konstituierenden Völkern, das organisierte Chaos gewaltsam forcierter Massenmigration, die systematische Untergrabung von Ehe und Familie sowie die längst mehr galoppierende als schleichende Umwandlung des auf Stabilität ausgerichteten Rechtsstaats in einen auf utopische Ziele programmierten Gesinnungsstaat – um nur einige der wichtigsten offen verfolgten Umsturzprogramme zu nennen – waren dem Konservativen ein Graus, solange sie von unrasierten Revoluzzern in den Hinterzimmern verräucherter Spelunken ausgeheckt wurden. Heute, da Krawattenträger, zu denen der Konservative sich unwiderstehlich hingezogen fühlt, sie in den Glaspalästen multinationaler Konzerne und hinter den Efeufassaden altehrwürdiger Universitäten konzipieren, sehen sie in seinen Augen schon viel annehmbarer aus.

Der Konservative bezieht das oben zitierte Pauluswort eben nicht nur auf die *staatliche* Obrigkeit, sondern auf die »Oberen« schlechthin. Die »Obrigkeit«, hinter der der Konservative unausgesprochen das Walten Gottes vermutet, kann heutzutage durchaus die Bertelsmann-Stiftung oder der Council on Foreign Relations sein.

Selbst wenn er sie kritisiert, verunsichern sie den Konservativen: Eine Elite, die ihre Macht bewußt und systematisch zur Zerstörung der Gesellschaft mißbraucht, ist in seinem Weltbild einfach nicht vorgesehen. Die bloße Möglichkeit, daß es sie geben könnte, bedroht den Konservativen mit so quälenden seelischen Verwerfungen, daß er sie ausblendet.

Dies ist einer der oben erwähnten Punkte, an denen man sich als Ex-Linker über Konservative nicht genug wundern kann: Wie kritisch auch immer er in der Sache sein mag, nichts wird den Konservativen davon überzeugen, daß etablierte Eliten tatsächlich so kriminell und destruktiv sind, wie sie zu sein scheinen – während man als auch nur ehemaliger Marxist eher schon Schwierigkeiten hat, sich wenigstens hypothetisch vorzustellen, sie könnten irgend etwas *anderes* sein.

Die herrschenden Eliten als sozusagen Gottgesandte können aus der Sicht des Konservativen schlimmstenfalls im Irrtum, aber nicht bösen Willens sein. Daß die Partikularinteressen einer herrschenden Klasse sie durchaus zu Errichtung einer totalitären Gesellschaft neuen Typs auf der Basis eines ruinierten Gesellschaftsgefüges veranlassen könnten – aus der Sicht des Konservativen *kann* das nicht sein, denn es *darf* nicht sein!

Der Konservative ist statusbewußt; die Gesellschaft ist für ihn per se, also ohne daß es einer soziologischen Begründung bedürfte, eine Statushierarchie; sein Lebensziel besteht nicht zuletzt darin, den eigenen Status zu verbessern beziehungsweise abzusichern. Fatalerweise aber hängt der Status eines Menschen, sofern er nicht die kollektive Sezession einer oppositionellen Parallelgesellschaft sucht, von seiner Nähe zu den herrschenden Eliten ab. Diese Nähe kann verwandtschaftlicher und sozialer, aber auch ideologischer und politischer Natur sein, und meist geht eines ins andere über. Sie kann sogar rein platonischer Natur sein und sich darin erschöpfen, daß der einzelne die herrschende Ideologie teilt und ihre Textbausteine zu reproduzieren vermag. Aus der Sicht des Establishments gibt es kaum eine preisgünstigere Art, ganze Gesellschaftsschichten zu korrumpieren, als gegebenenfalls deren demonstrativen Konformismus mit einer imaginären Prestigeprämie zu belohnen (und folgerichtig den Opponenten das Etikett »Stammtisch« aufzukleben).

So gesehen ist der kollektive Verrat des Mainstreamkonservatismus an konservativen Prinzipien weniger verwunderlich als die Tatsache, daß es überhaupt noch Konservative gibt, die achtenswerterweise in Opposition zur etablierten Macht verharren.

Auch an diesen Konservativen zerrt aber die Versuchung: Der Verleger einer konservativen Wochenzeitung, der davon träumt, endlich in den Presseclub eingeladen zu werden, um dort mit den Abgesandten der *taz* und der *Süddeutschen Zeitung* einen vermeintlich herrschaftsfreien Diskurs zu führen, wird sich hüten, die imaginären Brücken ins Establishment abzubrechen. Er wird es gar nicht erst versuchen und sich dadurch die enttäuschende Feststellung ersparen, daß es diese Brücken nur in seiner Phantasie gibt und er vor der brutalen Alternative steht, entweder seine Überzeugungen oder seine Lebensträume preiszugeben.

Derselbe Illusionismus spricht aus den Worten mancher AfD-Politiker, die sich allen Ernstes in einem »bürgerlichen Lager« mit CDU und FDP wähnen und dadurch zeigen, wie anachronistisch ihr politisches Koordinatensystem ist: Sie halten den Konflikt zwischen Rot/Grün einerseits, CDU/FDP andererseits, der höchstens ein Interessenkonflikt zwischen Karrieristen aus unterschiedlichen Firmen mit kaum unterscheidbarer Produktpalette ist, für einen im engeren Sinne *politischen* Konflikt, noch dazu für einen, zu dessen Austragung man Opfer bringen und Kompromisse schließen müsse. (Letztere Konsequenz wäre übrigens selbst dann falsch, wenn die Prämisse zuträfe: Vorauseilende Kompromißbereitschaft gegenüber Akteuren, die sich nicht einmal an den Verhandlungstisch gesetzt haben, ist eine Torheit, über die jeder Basarhändler nur grinsen könnte.)

Bezeichnend freilich ist die Selbstverständlichkeit und Hartnäckigkeit, mit der solche Konservativen sich selbst, ihre Organisationen und ihre Anliegen als »bürgerlich« bezeichnen. Falls damit nur gemeint sein sollte, daß man pragmatisch, verantwortungsbewußt, realistisch, vernünftig, risikoscheu und mit Augenmaß Politik zu machen gedenkt, dann muß man es auch so sagen! Wer sich statt dessen als »bürgerlich« bezeichnet, nimmt damit das Mißverständnis – falls es denn eines ist – in Kauf, auf die Stimmen und Interessen von Arbeitern keinen Wert zu legen. Angesichts der Tatsache, daß die Zustimmung zu AfD-Positionen mit wachsender Entfernung zu den Eliten zunimmt, die Unterschicht und untere Mittelschicht also geradezu den Kern der Wählerbasis darstellen, ist eine Selbstverortung als »bürgerlich« schon auf den ersten Blick als politischer Elementarfehler erkennbar, der unbegreiflich bleibt, solange man ihn in rein politischen Kategorien analysiert. Auch sachlich und semantisch erscheint es absurd, eine *politische* Position durch eine *soziologische* Kategorie zu umschreiben, noch dazu durch eine, die eher zur Beschreibung der Gesellschaft des neunzehnten als des einundzwanzigsten Jahrhunderts taugt.

Als gelernter Marxist sollte man sich theoretisch nicht darüber wundern, daß die Definition der politischen Wir-Gruppe für Konservative offenbar untrennbar mit einem Klassenbezug verquickt ist. Man wundert sich trotzdem, weil man in einem politischen Milieu groß geworden ist, in dem sich – Marx hin, Engels her – eben *nicht* die Interessen einer sozialen Klasse verkörperten. Mit der »Arbeiterklasse«, auf die die alte Linke sich berief, waren – wenn auch unausgesprochen und nicht jedermann bewußt – *nicht* die konkreten, wirklichen Arbeiter gemeint, sondern eine zukünftige Klasse, die im Zuge eines revolutionären Prozesses erst entstehen sollte und deren Abgrenzungskriterium nicht mehr die soziale Lage, sondern die Bejahung einer historischen Mission sein würde. In der »Arbeiterklasse« der Marxisten ist der Klassenbegriff bereits dialektisch aufgehoben, die klassenlose Gesellschaft ideell vorweggenommen. Die Linke (aus der auch ich stamme und deren geistigen Habitus ich auf meinem Weg nach rechts zumindest teilweise mitgenommen habe) ist insofern keine soziale Bewegung, sondern eine säkulare Religion, bestehend aus Unter-Glaubensgemeinschaften, die als Quasikirchen um den rechten Glauben und die wahre Lehre ringen. Aus dem *Selbstverständnis* heutiger Linker ist im Grunde jeder Klassenbezug getilgt, auch wenn manche von ihnen analytisch noch mit Klassenbegriffen operieren.

Für jemanden, der von links kommt, erscheint die »Bürgerlichkeit« der Konservativen und insbesondere der oppositionellen Konservativen daher wie eine Mischung aus begrifflicher Schlamperei und grundlosem Sozialdünkel. Der Begriff wirkt wie ein Symbol für ihre Bereitschaft, sich die eigene intellektuelle Integrität abkaufen zu lassen, noch dazu für einen Preis, der die ganze Operation ad absurdum führt – nämlich für die illusionäre Aussicht auf Zugehörigkeit zu genau jenen Eliten, die fundamental zu kritisieren die ureigenste Aufgabe jeder Opposition wäre, die diesen Namen verdient.

Charakterlosigkeit

Diese in ihrer Mentalität verankerten Irrtümer wären per se problematisch genug, die Frage zu rechtfertigen, wie solche Konservativen jemals eine effektive Opposition auf die Beine stellen wollen, da sie doch einem Boxer gleichen, dessen eine Hand auf den Rücken gefesselt ist. Das tiefverwurzelte Vorurteil, für den Status eines Menschen sei dessen Nähe zu den gesellschaftlichen Eliten maßgeblich, führt aber darüber hinaus zu Konsequenzen, die man nur unappetitlich nennen kann:

Man mag noch kopfschüttelnd hinnehmen, daß Konservative dazu tendieren, sich von diesen Eliten beziehungsweise deren Handlangern unfair bis kriminell behandeln zu lassen, ohne mehr als höfliche Kritik zu äußern, insbesondere ohne in *der* Härte aufzubegehren, die Machthaber verdienen, die ihr eigenes Recht brechen. Haarsträubend ist, wenn Konservative solche Machthaber durch demonstratives Wohlverhalten zu beschwichtigen suchen. Und unappetitlich ist, wenn genau solche Konservativen sich ihrerseits zur Mißachtung elementarer Anstandsregeln gegenüber Andersdenkenden berechtigt wähnen, die sie als status-unterlegen wahrnehmen, weil sie entweder nicht »bürgerlich« genug sind oder etwas weiter rechts stehen und damit weiter von den Eliten entfernt sind.

Nicht zufällig sind es vor allem *Basis*-Bewegungen, etwa Pegida oder die Identitären, vor deren Kontamination mancher Konservative panisch zurückzuckt: Aus seiner Sicht sind die zornigen Bürger, die sich hier selbst organisieren, statt sich respektvoll von ihm und seinesgleichen bevormunden zu lassen, eine Plebs, gerade gut genug, als Stimmvieh seine – des Konservativen – Rückkehr in die Eliten durch Akklamation zu untermalen und zu legitimieren, aber in Ermangelung seiner staatsmännischen Einsicht selbstredend nicht imstande, ihre eigenen Interessen zu erkennen und zu vertreten. Schon gar nicht, wenn dies in Begriffen geschieht, die dem Konservativen an sich nicht fremd, von den Ideologen der etablierten Macht aber tabuisiert worden und damit irgendwie peinlich sind.

Diese Peinlichkeit ist keine Frage des geistigen Niveaus (zur Zielscheibe der jeweils neuesten Distanzierungs- und Beschimpfungswelle innerhalb des konservativen Spektrums können Intellektuelle genauso wie Basisbewegungen werden), sie resultiert auch nicht aus einer eventuellen sachlichen Unrichtigkeit der Kritik, sondern aus dem Willen von Konservativen, sich so nah wie möglich an Denkweise und Sprachregelungen des Establishments anzuschließen und mit etwas anderem gar nicht erst in Verbindung gebracht zu werden.

Man muß es schon selbst erlebt haben, um glauben zu können, zu welchem Maß an Charakterlosigkeit Konservative in solchen Konstellationen fähig sind – denn anders als charakterlos kann man es schwerlich nennen, wenn jemand, der selbst Dauerzielscheibe politischer Verleumdungen ist und dies empörend findet, seinerseits Andersdenkende in derselben Sprache und gestützt auf dieselben Denkfiguren verleumdet, mit denen er selbst täglich drangsaliert wird und deren Verlogenheit er obendrein durchschaut. Zeugt der Denunziationswahn der Linken noch von einer ideologischen Verblendung, die in der Regel wenigstens als solche aufrichtig ist, so resultiert dasselbe Verhalten, wenn Konservative es an den Tag legen, nicht selten aus der Radfahrer-Mentalität: nach oben buckeln, nach unten treten. Zu diesem Zweck zieht man auch ohne Skrupel diffamierend über Gleichgesinnte her, um auf deren Kosten Anschluß ans Establishment zu suchen.

Die Statushierarchie, die dem konservativen Gesellschaftsverständnis zugrunde liegt, ist in den Köpfen vieler heutiger Konservativer nur noch in der vulgären Form einer Hierarchie des Spuckens und Bespucktwerdens präsent. Wahrhaftigkeit und Fairneß sind aus dieser Sicht Tugenden, auf die man im Umgang mit vermeintlich status-unterlegenen Akteuren getrost verzichten kann, und Entsprechendes gilt erst recht für die Bereitschaft, sich mit deren Kritik auseinanderzusetzen.

Wer ideologisch weiter von den Herrschenden entfernt ist als der Konservative selbst, hat aus dessen Sicht im Grunde überhaupt kein Recht, ihn zu kritisieren, zumindest aber keinen Anspruch auf Gehör. Für Konservative dieses Schlages kommt es nicht darauf an, ob der Kritiker recht, sondern ob er das Recht auf Kritik hat – welches Recht wiederum davon abhängt, daß der Kritiker von der Gnadensonne der Machthaber so ausreichend beschienen wird, daß man sich mit ihm auseinandersetzen kann, ohne den eigenen Status zu gefährden. Daher die borniert Ignoranz, mit der man in diesen

Kreisen auf Kritik von rechts reagiert oder vielmehr nicht reagiert – ein Gutsherrengehabe, das vornehm wirken soll, aber so nicht wahrgenommen werden kann, weil es einer primitiven Geisteshaltung entspringt.

Bauernschläue

Wenn Teile der AfD die Pegida-Bewegung, die FPÖ die Identitäre Bewegung verleumden (und zwar in der Sprache des politischen und ideologischen Gegners) und sich von ihnen distanzieren, um diese beiden Parteien nur als Beispiele für ein Verhaltensmuster zu nennen, das unter Konservativen endemisch verbreitet ist, dann können noch so aufwendige taktische Rechtfertigungen nicht das strenge Aroma ihres Angstschweißes überdecken, den die Furcht vor der Mißbilligung durch das Establishment auslöst. Sie können auch nicht darüber hinwegtäuschen, wie verachtenswert es ist, über die Stöckchen seiner Gegner zu springen und (ehemalige, aktuelle oder potentielle) Verbündete in der Hoffnung auf einen Judaslohn zu verunglimpfen, der darin bestehen soll, vom Establishment einer geringfügig faireren Behandlung gewürdigt zu werden als diese. Selbstverständlich wird dieser anrüchige Lohn nie ausgezahlt, und wer auf ihn spekuliert, gleicht jenem Esel, der einem vor seine Nüstern gebundenen Heuballen hinterhertrabt.

Sich von dem nur um Nuancen weiter rechts stehenden Geistesverwandten zu distanzieren, ihn aus Organisationen auszuschließen und als »Rassisten« zu verleumden in der Hoffnung, sich dadurch selbst vor dieser demagogischen Etikettierung zu schützen und salonfähig zu werden, ist *appeasement* im verächtlichen Sinne des Wortes, das heißt, es ist der Versuch, das Krokodil zu füttern in der Hoffnung, selbst als letzter gefressen zu werden. Wer sich dazu einmal hinreißen läßt, wird immer wieder dazu gezwungen werden und dabei eine immer erbärmlichere Figur abgeben.

Unwillkürlich fallen einem einige Zeilen von Bertolt Brecht ein:

Was er immer hat getrieben,
darauf kommt es gar nicht an.
Er ist oben nicht gut angeschrieben,
damit ist er für mich abgetan.
Jedes andere Gefühl hat da zu schweigen:
Er ist oben unbequem!
Soll ich mich in seiner Nähe zeigen?
Soll man von mir sagen: Der sprach auch mit dem?

Diese Verse stammen aus dem »Lied des Speichelleckers« und illustrieren eine herrschaftssichernde Form charakterlicher Korruption, die naturgemäß dort am stärksten ausgeprägt ist, wo man sich am stärksten an Statushierarchien orientiert, also nicht zuletzt in Kreisen, die sich »bürgerlich« und »konservativ« nennen. Die Linken bedienen sich solcher Mechanismen, sobald sie mächtig genug sind, von ihrer Existenz zu profitieren, aber sie wären niemals in die Position gelangt, in der sie heute sind, wenn sie sie schon früher geteilt hätten. Daß es in ihren Reihen heute von Mitläufern und Jasagern, von Denunzianten und Karrieristen, kurz: von Speichelleckern nur so wimmelt, ist ein Faktor, der dazu beitragen wird, ihnen das Genick zu brechen. Er ist die faule *Frucht* des linken Erfolges, nicht seine Ursache, nichts, was die Linke stärkt, und erst recht nichts, was eine konservative Opposition übernehmen sollte, die sich ihren Weg an die Macht erst noch bahnen muß.

Stil, Werte, Anstand und Prinzipien – scheinbar tragende Säulen des konservativen Selbstverständnisses – gelten für etliche Konservative offenbar nur, bis sich irgendeine bauernschlaue Rechtfertigung dafür findet, sie fahrenzulassen, selbstredend nur aus staatspolitischer Verantwortung, nur um Schlimmeres zu verhüten und nur als Ausnahme – die allerdings die fatale Tendenz hat, sich über kurz oder lang als Regel zu etablieren. Daß dies soziologisch erklärbar ist, heißt nicht, daß es nicht widerlich wäre.

Leider gibt es auch im oppositionellen Spektrum viele Konservative, die sich überhaupt nicht bewußt sind, wie abstoßend eine solche Haltung gerade auf junge Menschen und auf Nonkonformisten jeder Altersstufe wirken muß – also genau auf die Menschen, auf die es für eine oppositionelle Bewegung ankommt. Selbst wenn sie die Fragwürdigkeit der Begründungen im Einzelfall nicht durchschauen – es ist die dahinterstehende *Haltung*, die anwidert, während die Begründungen in ihrer dürren Zweckrationalität, ihrer kleinkarierten Bauernschläue und taktischen Unaufrichtigkeit – sie »macchiavellistisch« zu nennen wäre eine Beleidigung Macchiavellis – weder Faszination noch Bewunderung hervorrufen und es auch dann nicht täten, wenn sie wirklich so klug wären, wie sie zu sein vorgeben.

Die staatsmännische Pose, in die sich die Verfechter des Distanzierungswahnsinns auf der konservativen Rechten gern werfen, macht sie selbst zu komischen Figuren, denn sie paßt nur zu wirklichen, das heißt in Amt und Würden befindlichen Staatsmännern, nicht zu Oppositionellen, die bestenfalls Staatseliten im Wartestand, in Wahrheit aber aufgrund ihrer eigenen politischen Torheit nicht einmal dies sind.

Eines der Kernprobleme von Konservativen gerade der oppositionellen Richtung – von den Mainstreamkonservativen brauchen wir in diesem Zusammenhang gar nicht erst zu reden – ist, daß sie ihre Oppositionsrolle innerlich nie wirklich angenommen haben. Der Abstieg aus der staatstragenden Elite, der sie sich zugehörig fühlen und aus der viele von ihnen stammen, zu einer Opposition, der man geradezu amtlich die Seriosität (also genau das, worauf es ihnen ankommt) abspricht, hat viele von ihnen nicht dazu veranlaßt, die Machtstrukturen zu hinterfragen, innerhalb derer sie selbst als untragbar gelten und aus denen sie daher so unversehens und aus ihrer Sicht unverständlicherweise ausgestoßen worden sind. Dieser Abstieg verleitet sie vielmehr zu dem Versuch, die Machthaber mit Argumenten von der Ungerechtigkeit dieses Ausschlusses zu überzeugen.

Dabei wären diese Argumente durchaus stichhaltig und müßten jede Staatselite überzeugen, die tatsächlich am Gedeihen des Staates und der Zukunft der Nation interessiert wäre. Unglücklicherweise werden wir von Eliten regiert, denen alles andere eher am Herzen liegt als dies. Und noch fataler ist, daß Konservative dazu neigen, diesen Sachverhalt nicht wahrhaben zu wollen.

Wer den Nationalstaat, den Rechtsstaat, die traditionelle Familie und die Integrität der Religion, namentlich des Christentums, verteidigt, ist aus der Sicht dieser Eliten, die den Globalkapitalismus ohne jede soziale, moralische oder politische Hemmung wollen, ein Feind – was denn sonst? Daß diese Eliten noch durch tradierte rechtsstaatliche Strukturen gehemmt werden, ist richtig, aber gerade das Wort »noch« ist in diesem Zusammenhang angesichts der galoppierenden Erosion des Rechtsstaates dick zu unterstreichen. Die oppositionellen befinden sich mit den herrschenden Eliten in einem Wettlauf, den nur einer gewinnen kann. Leider wissen anscheinend nur die herrschenden, daß es so ist.

Konservative dagegen glauben, durch Verschweigen zentraler eigener Positionen an Anschlußfähigkeit an die Eliten und dadurch Gehör in der breiten Öffentlichkeit zu gewinnen. Abgesehen davon, daß dies dem Versuch gleicht, sich den Zutritt zu einem Harem dadurch zu verschaffen, daß man sich kastrieren läßt (was, selbst wenn es funktionierte, doch irgendwie witzlos wäre) funktioniert es auch nicht: Für die Hexenjäger der Gegenseite ist es ein Kinderspiel, den Nachweis zu führen, daß man die totgeschwiegenen Ansichten eben doch hegt (und analog: daß man zu den Organisationen und Personen, von denen man sich distanziert, eben doch Kontakt hat oder zumindest hatte). Indem man sie aber tabuisiert, hat man sie, also seine eigenen Auffassungen, zugleich mit dem Odium des Unsittlichen und Anrüchigen besprüht.

Dieses dreifache Eigentor, für die eigenen Positionen nicht zu werben, sich trotzdem für sie verantwortlich machen zu lassen und sie obendrein implizit zu verunglimpfen, kann im Grunde nur jemandem unterlaufen, der nicht einer erarbeiteten Analyse, sondern anerzogenen Reflexen folgt, die in längst vergangenen Zeiten ihren Sinn gehabt haben mögen. Die Ängstlichkeit, mit der Konservative alles zu vermeiden versuchen, was provozierend wirken und sie die Zugehörigkeit zu den Eliten kosten könnte, ist nur sinnvoll für jemanden, der diesen Eliten tatsächlich angehört, nicht für den, der längst von ihnen ausgestoßen oder nie zugelassen wurde.

Wer sich aber den Satz »Ich bin erpreßbar« geradezu aufs T-Shirt schreibt, wird naturgemäß immer weiter erpreßt. Egal, wie tief der Kotau ist, zu dem ein solcher Konservativer sich nötigen läßt – die Gegenseite wird immer einen Grund finden zu behaupten, er sei noch nicht tief genug ausgefallen.

Wie kann es eigentlich sein, daß Menschen, die täglich die niederschmetternden Konsequenzen einer seit Jahrzehnten andauernden linken Erfolgsserie zu spüren bekommen, keinen Gedanken daran verschwenden, was man von diesem erfolgreichen Gegner lernen könnte?

Lernen vom Gegner

Den Linken war die Bauernschläue, die gewisse Konservative mit staatsmännischer Klugheit verwechseln, schon zu Zeiten fremd, als sie noch weit von ihrer heutigen dominanten Position entfernt waren:

»In der Friedensbewegung der frühen achtziger Jahre etwa tummelten sich so viele Kommunisten, daß der Vorwurf, die Bewegung sei von Moskau ›ferngesteuert‹, plausibel genug war, sie in Bedrängnis zu bringen. Trotzdem kam es auch gemäßigteren Linken nicht in den Sinn, sich taktische Vorteile dadurch zu verschaffen, daß sie sich – zumal in der Sprache des politischen Gegners und auf der Basis seiner Ideologie – von den radikaleren Genossen ›distanziert‹ hätten. Linke können sich untereinander bis aufs Messer streiten: Im Verhältnis zur Außenwelt herrscht bei ihnen eine Kultur der Solidarität. Auf der Rechten – und daher rührt ein Gutteil ihres Mißerfolgs – herrscht eine Kultur des Verrats.«[5]

Ich bezweifle, daß man tief in der Milieumentalität wurzelnde Verhaltensmuster durch rationale Argumente verändern kann. Auch die Linken verhalten sich ja nicht deshalb untereinander solidarisch, weil sie darüber nachgedacht hätten, daß dies sinnvoll sei, sondern weil sie gar nicht erst auf die Idee kommen, etwas anderes zu tun. Nicht über die Stöckchen des Gegners zu springen bedurfte dort nie einer Begründung – *man tut es einfach nicht!*

Der auf diese Weise naturwüchsig entstehenden Schwarmintelligenz der Linken steht mithin bei den Konservativen eine Mentalität gegenüber, die man analog nur als Schwarmtorheit bezeichnen kann. Ist bei den Linken die Bewegung schlauer als der einzelne, so verhält es sich bei den Konservativen umgekehrt.

Trotzdem hoffe ich selbstverständlich, wenigstens den einen oder anderen Konservativen, der sich bisher in seinen Vorurteilen wohlgefühlt hat, zu einer kritischen Selbstreflexion zu ermutigen. Wenn schon aus keinem anderen Grund, so doch zumindest aus staatspolitischer Verantwortung.

Die strategische Idee – es ist ja nicht *nur* Charakterlosigkeit –, die hinter der Neigung gewisser Konservativer zum politischen Opportunismus steht, lautet, mit dem Strom zu schwimmen, um dessen Richtung zu verändern. Es geht also darum, in die meinungsbildenden Eliten einzudringen beziehungsweise in sie zurückzukehren. Wer den aggressiven Aspekt betonen möchte, kann es auch »Unterwanderung« nennen.

Konservative, die diese Strategie bevorzugen, können auf die Erfolge verweisen, die die Linken und insbesondere die vielzitierten »Achtundsechziger« just auf diese Weise erzielt haben. Deren »langer Marsch durch die Institutionen« war nicht der Marsch einer Basisbewegung und wurde nicht von Arbeitern, sondern von Intellektuellen getragen; er war ein Elitenprojekt in dem doppelten Sinne, von (Gegen-)Eliten konzipiert worden zu sein und auf Eliten zu zielen, weil sich die Meinungsführerschaft auf die Dauer nur sichern kann, wer zentrale Positionen innerhalb der ideologieproduzierenden Industrie besetzt.

Da diese Strategie erfolgreich war: Wäre es für Konservative nicht sinnvoll, sie zu kopieren? Und widerlegte das nicht meinen Vorwurf, Konservative weigerten sich, von ihrem erfolgreichen Gegner zu lernen?

Nun, vom Gegner zu lernen heißt nicht unbedingt, ihn zu kopieren. Ein bloßes Nachahmen scheitert schon an der Verschiedenheit der Kontrahenten. Strategen, die diese Verschiedenheit nicht berücksichtigen und in entsprechend asymmetrische Strategien übersetzen, werden spätestens durch Mißerfolge darüber belehrt, daß eine Kopie naturgemäß schlechter ist als das Original.

Ohne die atemberaubende Skrupellosigkeit, mit der die Linke ihre kulturelle Hegemonie gesichert und ausgebaut hat, wäre der Erfolg ihrer Politik Stückwerk geblieben, ihre Hegemonie längst einem pluralistischen Gleichgewicht gewichen. Die Linke nämlich spricht – spätestens dann, wenn sie stark genug dazu ist – jedem Gegner, der ihre utopistischen Ziele nicht teilt, das Recht auf Artikulation seiner Ansichten, letztlich sogar auf Existenz als politische Kraft ab. Sie benutzt jede eroberte Position als Ausgangsbasis zur Eroberung der nächsten und hört damit nicht auf, solange noch irgend jemand öffentliche Grundsatzkritik an ihren Positionen zu üben wagt. Sie kann es nicht, weil der quasireligiöse Wahn, die eigenen Positionen für die Verkörperung des schlechthin »Guten« zu halten, ihr keine Wahl läßt, als in jedem Andersdenkenden das »Böse« im vollen metaphysischen Sinne des Wortes personifiziert zu wähnen.

Konservative können und werden solche Mentalitäten und Praktiken nicht übernehmen, und das spricht offenkundig für sie. Sie sollten sich nur hüten, von sich auf andere zu schließen und ihre Strategien wider jede Erfahrung auf der Illusion aufzubauen, die Gegenseite werde sich auch nur an geschriebene, geschweige denn an ungeschriebene Spielregeln halten. Die Linken sind keine unartigen Jungs, die schon zur Vernunft kommen werden, sobald sie sich ausgetobt haben. Man versteht sie am besten, wenn man sie als eine Art Großsekte von gehirngewaschenen Jüngern auffaßt.

Die Strategie der Achtundsechziger beruhte – nicht nur, aber auch – auf dem Appell an die Fairneß des damals noch tonangebenden konservativen und liberalen Bürgertums. Sie funktionierte auch deshalb, weil diese Fairneß im großen und ganzen mit einer Bereitwilligkeit gewährt wurde, die man aus heutiger Sicht zwar naiv finden, der man aber eine gewisse Noblesse nicht absprechen kann.

Eine solche Noblesse im Gegenzug von der Linken zu erwarten wäre mehr als naiv: Es wäre absurd. Wo man sie aber nicht erwarten kann, hängt eine auf die Eliten zielende Unterwanderungsstrategie in der Luft. Es versteht sich von selbst und ist täglich zu beobachten, daß die politische Linke, die eine solche Strategie selbst erfolgreich praktiziert hat, mit dem Versuch einer Neuauflage rechnet und diesen nach Kräften zu unterbinden versucht:

»Wenn selbst die zahmsten Wortmeldungen der Rechten noch als Verschleierung sinistrer Absichten gedeutet werden, selbst die biedersten Konservativen noch als vermeintliche Wölfe im Schafspelz durch die linken Angstphantasien geistern, so ist diese paranoide Furcht vor der Rechten unschwer als Projektion zu durchschauen: Wer selber nur so lange gegen Berufsverbote war, bis er die Macht hatte, welche zu verhängen, kann unmöglich glauben, daß andere politische Akteure es mit ihren liberalen Argumenten ernst meinen könnten. Die Linken halten jeden für einen Betrüger, weil sie sich selbst so gut kennen.«[6]

Dabei erfreuen sie sich der Unterstützung etablierter Mainstreamkonservativer, die somit als Türöffner für andere Konservative ausfallen. Denn alles, was ich am Charakter des oppositionellen Konservativen an Fragwürdigkeiten herausgearbeitet habe, gilt erst recht und um ein Vielfaches stärker für dessen im Establishment verbliebene Geistesverwandte, die auf ihn – den oppositionellen Konservativen – und seine Kritik mit demselben naserümpfenden Dünkel herabblicken, den er selbst seinerseits gegenüber rechten Kritikern an den Tag legt. Wenn oppositionelle Konservative wirklich wissen wollten, warum die herrschenden Eliten sie nicht kooptieren werden, fänden sie Antwort in jedem Spiegel: weil sie selbst es in vergleichbarer Lage auch nicht täten; ablesbar an ihrer eigenen Politik, die jetzt schon darauf abzielt, zwischen sich und ihren rechten Kritikern einen ebenso tiefen und aussperrenden Graben zu ziehen, wie ihn das Establishment zwischen sich und ihnen gezogen hat.

Hier kommt wieder der bereits konstatierte fundamentale Mangel an rechtsoppositioneller Solidarität zum Tragen. Linke, die durch die Institutionen marschierten, fungierten als Brückenköpfe und Türöffner für die nachdrängenden Genossen. Daß diese teils erheblich radikaler waren als ihre Vorhut, störte diese Vorhut nicht. Daß eine solche Hegemonialstrategie nicht aufgehen kann, wenn man in den vielleicht nur geringfügig radikaleren Angehörigen des eigenen Lagers nur die peinliche Verwandtschaft sehen kann, mit der man sich nicht blickenlassen möchte, sollte auf der Hand liegen.

Ein weiterer wesentlicher Grund, warum eine oppositionelle Bewegung zum Scheitern verurteilt wäre, wenn sie die Achtundsechziger und deren Unterwanderungsstrategien schlicht und platt nachahmen wollte, liegt daran, daß letztere die herrschende Klasse auf ihrer Seite hatten, die heutige Opposition aber nicht.

Die linke Strategie der Auflösung überkommener solidaritätsstiftender Strukturen (Familie, Kirche, Volk, Staat, Recht, Tradition, Autorität) spielt der herrschenden Klasse, präziser gesagt den Letzteigentümern der miteinander verflochtenen global agierenden Konzerne und demgemäß auch den von ihnen abhängigen und direkt oder indirekt für sie arbeitenden Funktionseliten (Manager, Wissenschaftler, Politiker etc.) direkt in die Hände. Daß massenhaft migrierende Arbeitskräfte ein lohndrückendes Überangebot schaffen, die Position der Gewerkschaften untergraben und die Finanzierbarkeit des Sozialstaats gefährden, ist ja nur ein Teilaspekt einer umfassenderen Konstellation:

»Wir haben es mit einer Form von Herrschaft zu tun, die erreichen könnte, woran andere Totalitarismen gescheitert sind: nämlich ein buchstäblich unzerstörbares Herrschaftssystem zu errichten.

(...)

Wer buchstäblich ewig herrschen will, darf die Gesellschaft gerade nicht verfestigen, er muß sie verflüssigen; nicht kollektivieren, sondern atomisieren.

Ein Herrscher, der Kollektive schafft, setzt sich selbst dem Zwang aus, sie ständig zu beaufsichtigen, um Solidarisierungseffekte zu verhindern. Daher der ungeheure Aufwand an Geheimpolizei in kollektivistischen Systemen. Diesen Aufwand und den damit verbundenen Zwang, d.h. die damit verbundene Einschränkung seiner Macht, kann der Herrscher vermeiden, indem er die Gesellschaft sozusagen nicht einfriert, sondern kocht. Dergleichen scheint nur auf der Basis eines pulsierenden Kapitalismus möglich zu sein, in dem jeder auf sich, und nur auf sich selbst gestellt ist, gleichzeitig aber die drohende Proletarisierung vor Augen hat. Auch unter diesem Gesichtspunkt ist der Import von Drittweltslums nach Europa aus der Sicht der Herrschenden funktional.«[7]

Ungeachtet ihrer antikapitalistischen Rhetorik sind Linke mithin die besten Pferde im Stall ihrer Gegner (oder die Trojanischen Pferde innerhalb der Stadtmauern ihrer naiven Genossen, je nach Sichtweise). Konservative sind es nicht – oder *sollten* es zumindest nicht sein: nicht, wenn sie ihre eigenen Anliegen ernst nehmen und überdies zu einer angemessenen Unterscheidung von Freund und Feind fähig sind. Nominelle Konservative innerhalb und außerhalb des Establishments, die einen platten ökonomistischen Neoliberalismus für »konservativ« halten, sind es offensichtlich nicht.

Die Linken konnten ihre Strategien umsetzen, weil sie mit ihren Anliegen nützliche Narren jenes Establishments waren, das sie dennoch unablässig beschimpften. Sie brauchten mit den Herrschenden gar nicht bewußt unter einer Decke zu stecken, um deren Zielen dienlich zu sein. Ihr Wille zur Destruktion kam einer herrschenden Klasse zupaß, die – anders als alle ihre Vorläuferinnen – ihre Herrschaft nicht auf die Stabilisierung, sondern gerade die Destabilisierung der Gesellschaft stützen will. Ihr Liberalismus ist nicht nur historisch, sondern ganz aktuell eine revolutionäre Ideologie, die in linker Rhetorik und Propaganda ihre natürliche Ergänzung und gegebenenfalls auch ihr Deckmäntelchen findet. Die Linken konnten ins Establishment eindringen, weil die Geldmachteliten sie gut gebrauchen konnten.

Der Konservatismus dagegen taugt aus der Sicht der Herrschenden höchstens noch als Phrasenarsenal, in dem sie sich bei Bedarf mit sentimentalen

Sprüchen versorgen, um die tatsächlich stattfindenden Zerstörungsorgien propagandistisch schönzureden. Soweit es diesem Zweck dient, greifen sogar Linke nach scheinkonservativer Rhetorik: es spricht Bände, mit welcher Chuzpe etwa die Grünen in Deutschland und Österreich das Wort »Heimat« für sich reklamieren, während sie zugleich jene Politik vorantreiben, die alles zerstört, worin man sich zu Hause fühlen könnte. In jeder anderen Hinsicht hat der Konservatismus mitsamt seinen Verfechtern ausgedient und findet daher keine Helfer mehr innerhalb des herrschenden Machtkartells. Konnten die Achtundsechziger über breite Brücken ins Establishment marschieren, so stehen derlei Brücken heutigen Konservativen bestenfalls noch in geringer – und täglich schwindender – Anzahl zur Verfügung.

Die Unmöglichkeit, mit dem Strom schwimmend dessen Richtung zu verändern, ist also nicht etwa eventuellen Unzulänglichkeiten der Metapher geschuldet. Das Vorgehen der Linken ist vielmehr *deshalb* kein Vorbild, weil sie selbst diese Richtung nur scheinbar verändert haben und in einem Strom mitgeschwommen sind, der wegen der besagten Disposition der herrschenden Eliten auch ohne ihr Zutun im großen und ganzen die Richtung genommen hätte, die er tatsächlich eingeschlagen hat.

Noch in einer weiteren Hinsicht hat die linke Hegemonialpolitik die strategischen Voraussetzungen für jede Opposition so nachhaltig verändert, daß selbst eine modifizierte Version ihrer Unterwanderungsstrategie keine gangbare Option für die Rechte mehr darstellt: Sie hat dafür gesorgt, daß zu den Funktionseliten im engeren und im weiteren Sinne nur noch zugelassen wird, wer ein für liberale Systeme historisch beispielloses Maß an ideologischer Konformität an den Tag legt. Nicht zufällig ähnelt ihr System aus Gesinnungskontrolle, -zensur, -verdächtigung und notfalls -justiz den Mechanismen, die noch aus der DDR vertraut sind – nebenbei gesagt einer der Gründe, warum gerade die neuen Bundesländer ein Zentrum des Widerstands dagegen sind. Der Blick auf die DDR und der Vergleich mit dem aktuellen Zustand der BRD erhärten den bereits theoretisch begründbaren Verdacht, daß Linke, sobald ihr quasireligiöser Fanatismus, ihre Destruktivität und Machtgier nicht mehr durch hinreichende Gegenkräfte neutralisiert werden, einfach nicht anders können, als ein totalitäres Regime zu errichten.

Dabei kommt ihnen paradoxerweise gerade die Realitätsferne ihres ideologischen Paradigmas zugute: Wer mit subtilen Argumenten absurde Thesen zu untermauern vermag (etwa daß es keine natürlichen Unterschiede zwischen Mann und Frau, keine Völker und keine Wahrheit gebe), also die Existenz haltbarer Seifenblasen und von unten nach oben fallenden Regens »beweisen« kann, kann sich eben dadurch als Intellektueller ausweisen, der turmhoch über »rechtspopulistischen Vorurteilen« steht. Da aber solche »Stammtischparolen« (wie die, der Regen falle von oben nach unten und es gebe keine haltbaren Seifenblasen) von niemandem vorgebracht werden können, der weiterhin zum Establishment beziehungsweise dessen Hilfsideologen gehören möchte, wird, wie in dem Märchen »Des Kaisers neue Kleider«, niemand zugeben, daß er sieht, daß der Kaiser nackt ist.

Die Bereitschaft zu Betrug und Selbstbetrug wird mit so hohen Prestigeprämien belohnt – von allen anderen, noch massiveren korrumpierenden Gratifikationen abgesehen –, daß die Zentren der gesellschaftlichen Ideologieproduktion diejenigen Festungen sind, die der Opposition als letzte in die Hände fallen werden; dies aber erst, wenn sie von ihrer

Umwelt so abgeschnitten sind, daß ihr Fall, für jedermann sichtbar, nur noch eine Frage der Zeit ist (und dann wahrscheinlich durch die Kooperation von Wendehälsen, die ihre Schäfchen ins Trockene bringen wollen).

Strategische Konsequenzen

Es ist durchaus verständlich, daß Konservative bürgerlicher Herkunft in erster Linie ihresgleichen überzeugen möchten, und es ist per se auch nicht verkehrt. Fatal wäre es aber, diesem Ziel alle anderen strategischen Teilziele unterzuordnen.

Oppositionelle Konservative sollten besser als irgend jemand sonst wissen, daß bürgerliche Kreise schon aufgrund ihrer Mentalität am schwersten dazu zu bringen sind, ihre Vorurteile und ihre Loyalität zugunsten des Establishments aufzugeben, erst recht aufgrund ihrer gesellschaftlichen Stellung:

Sie sind besser als sozial Schwache vor den Verwerfungen geschützt, die durch die linke Zerstörungspolitik ausgelöst werden, profitieren dafür aber von sozialen Privilegien, von denen sie im Falle mangelnder politischer Botmäßigkeit unter Umständen ausgeschlossen werden können, und neigen stärker als andere Bevölkerungskreise zum Konformismus. Daß sie bereits weit unterhalb der Schwelle massiver Sanktionen die soziale Mißbilligung ihres Umfelds zu spüren bekämen, in dem politischer Konformismus die Regel und nicht die Ausnahme ist, hindert gerade sie mehr als andere Kreise daran, oppositionell zu werden.

Bei Angehörigen der unteren Volksschichten verhält es sich umgekehrt. Sie sind stärker betroffen, genießen weniger Privilegien, beziehen weniger – wenn überhaupt – Gratifikationen für Konformismus, gieren weniger nach der Sorte Prestige, die man durch Bejahung der absurden Ideologien des Establishments erlangen kann, und bewegen sich in einem Umfeld, das ideologisch weniger intensiv indoktriniert wurde.

Es ist daher keineswegs erstaunlich, sondern unvermeidlich, daß Menschen sich mit um so größerer Wahrscheinlichkeit oppositionellen Positionen und Kräften zuwenden, je weiter sie von den Zentren der gesellschaftlichen Macht und Meinungsmacht entfernt sind. Folgerichtig brechen die SPD und (im Osten) die Linkspartei bei Wahlen früher ein als die Union, laufen der *Bild*-Zeitung schneller die Leser davon als der *FAZ*, und ist der Osten aufmüpfiger als der Westen.

Direkt in die Machtzentren vorstoßen und Positionen innerhalb der Eliten besetzen zu wollen hieße mithin, die gegnerischen Linien an ihrem stärksten Punkt anzugreifen, und wäre eine strategische Torheit ersten Ranges. Eine solche wäre es übrigens selbst dann, wenn nicht mit der Existenz des Internets ein Faktor ins Spiel gekommen wäre, der horizontale und dezentrale politische Kommunikation in einem historisch beispiellosen Maß ermöglicht. Da dies aber der Fall ist, haben Positionen innerhalb der meinungsmachenden Industrie deutlich an Wert eingebüßt. Mögen die Ansichten des Establishments noch ein gewisses Maß an Sozialprestige haben – seine Macht, Informationsflüsse zu steuern, ist dramatisch geschrumpft.

Konservative sehen durchaus, daß die Zentren der gesellschaftlichen Ideologieproduktion gegen Eindringlinge gut abgeschottet sind, ziehen daraus aber die Konsequenz, eine Art »Wandel durch Anbiederung« zu versuchen. Dies ist die gedankliche Grundlage der oben beschriebenen Charakterlosigkeiten. Es geht letztlich darum, das Establishment und seine Türsteher von der eigenen Harmlosigkeit zu überzeugen, um Einlaß in die Burg zu finden. Was die Frage aufwirft, wen solche Konservativen eigentlich betrügen: das Establishment? Sich selbst? Oder das Millionenheer anständiger kleiner Leute, die genau wahrnehmen, daß unser Land in den Abgrund regiert wird und händeringend nach einer politischen Alternative suchen?

In der gegebenen Konstellation würde sich eine ganz andere Strategie aufdrängen: nämlich zuerst die relativ leicht zu erobernde Peripherie zu besetzen und von dort aus die Schlingen um die Zentren enger zu ziehen; um im Bilde zu bleiben: die Burgen links liegen zu lassen und zuerst ihr Hinterland zu kontrollieren, um sie nach und nach von diesem Hinterland abzuschneiden. Es gilt also, sich sozial von unten nach oben, politisch von den Rändern her Richtung Mitte, geographisch von Ost nach West und vom Land in die Großstädte vorzuarbeiten.

Richtig ist freilich, daß eine Strategie, die nur auf Massen setzen und ohne Eliten auskommen, also der gegnerischen Qualität die schiere Quantität entgegenstellen wollte, über kurz oder lang an ihre quantitativen Grenzen stoßen müßte. Würde das ideologische Paradigma der Gegenseite nicht grundsätzlich angefochten und mit einer ebenso grundsätzlichen Alternative konfrontiert, so wäre ab einem bestimmten Bildungsniveau und einer bestimmten sozialen Schicht Schluß mit der Mobilisierung breiter Kreise. Insofern geht es in der Tat nicht ohne Gegeneliten. Deren Konzept kann aber gerade nicht darin bestehen, die ideologischen Prämissen der Gegenseite zu übernehmen, um nur ja keinen Anstoß zu erregen und Kritik lediglich im Rahmen dieser Vorgaben zu üben. Wie verfehlt ein solches Vorgehen wäre, erschließt sich, wenn man sich die Prämissen der herrschenden Ideologie bewußt macht – Prämissen, die kaum je ausgesprochen werden, deren explizite oder auch nur implizite Ablehnung jedoch unweigerlich den Bannstrahl der Hexenjäger und die Verbannung in das virtuelle Tal der Aussätzigen nach sich zieht:

»Zu diesen ... Prämissen, ohne die die vorherrschenden linken und liberalen Ideen in der Luft hängen würden, gehören die miteinander zusammenhängenden Vorstellungen:

· Gesellschaft sei von Menschen gemacht und daher willkürlich veränderbar,
· voraufklärerische Wertorientierungen seien gegenüber rational abgeleiteten minderwertig,
· demgemäß sei der gesunde Menschenverstand, in dem sich die evolutionär bewährten Lösungen des grundlegenden Bestandsproblems von Gesellschaft verdichten, ideologisch fundierten Gesellschaftskonzeptionen *a priori* unterlegen, weswegen er auch die Domäne des ›Stammtischs‹ sei,

- gesellschaftliche Strukturen seien repressiv und daher zu verwerfen, sofern sie nicht ein Maximum an individuellem und kollektivem Gestaltungsspielraum gewährten (also praktisch immer, sofern es sich überhaupt um Strukturen handelt),
- eine Natur des Menschen, die der Verwirklichung emanzipatorischer Ideale entgegenstünde, existiere nicht,
- Fortschritt bestehe in der Befreiung von vorgefundenen Bindungen,
- die Geschichte kenne mithin ein Ziel, mindestens aber eine Richtung – womit durch die Hintertür eben doch wieder eine ›Natur‹ des Menschen postuliert wird, nämlich eine utopiekompatible –,
- wer diese Natur nicht habe und an traditionellen Wertorientierungen festhalte, sei daher pervers,
- wer gegen den ›Fortschritt‹ sei, sei dies nicht aus Einsicht in bestimmte objektive Zusammenhänge, sondern aus dem bösen Willen, den ›Fortschritt‹ zu behindern,
- die Alternative zum jeweiligen Stand der Zivilisation sei nicht der Rückfall in die Barbarei, sondern der Fortschritt zum Paradies,
- und unwahr sei nicht, was der empirischen Wirklichkeit, sondern was diesen Axiomen widerspre-

che, deren ›Wahrheit‹ sich durch die Verwirklichung einer auf ihnen beruhenden Gesellschaft erweisen werde.«[8]

Dieses System aus handgreiflichem Unsinn kann man nur ganz ablehnen – oder gar nicht. Wer solche Prämissen bejaht, kann nämlich die Konsequenzen auf die Dauer nicht verneinen. Wer sie *nicht* bejaht und trotzdem politisch wirken will, muß eine Alternative ausformulieren und anbieten, selbstverständlich mit der Folge, daß das Establishment ihn als Staatsfeind brandmarken wird. Niemand wird gezwungen, diese Konsequenz in Kauf zu nehmen, nur sollte sich, wer dazu nicht bereit ist, nicht zum politischen Führer oder auch nur Vordenker berufen fühlen.

Nicht ihre Scheu vor dem öffentlichen Dissens gegenüber den Machthabern ist dieser Sorte Konservativer vorzuwerfen, sondern daß sie ihren Mangel an Konfliktbereitschaft zur Tugend und sich selbst ungeachtet dieses Mangels zu politischen, intellektuellen und moralischen Leitfiguren stilisieren. Der AfD-Politiker, der seine Partei von allen Mitgliedern säubern will, die vom Verfassungsschutz, also einem Organ der Herrschenden, angeprangert werden, sollte lieber in einen Beruf wechseln, in dem seine Zivilcourage weniger strapaziert wird.

Selbstverständlich bin ich mir darüber im klaren, daß man mit dieser Forderung ebenso auf taube Ohren stößt wie mit der an katholische Bischöfe gerichteten Frage, wieso sie überhaupt Priester geworden sind, wenn sie den katholischen Glauben doch nicht teilen und lieber dem Zeitgeist huldigen. Wir haben es mit einem bestimmten Menschenschlag zu tun: einem, dem es nicht in den Sinn kommt, daß eine Karriere nur demjenigen zusteht, der loyal gegenüber der Sache ist, für die und in deren Namen er Karriere macht, und der die Ungnade wählt, wo Gehorsam keine Ehre einbringt.

Fazit

Die Strategie der herrschenden Eliten, ihre Macht nicht mehr – wie früher – durch Stabilisierung der Gesellschaft zu sichern, sondern im Gegenteil durch deren Destabilisierung, hat der Linken eine hegemoniale Position verschafft, Konservative dagegen in eine existentielle Orientierungskrise gestürzt.

Die Werte und Mentalitäten, in denen sie groß geworden sind, passen nicht mehr zur gegebenen Lage, ihre anerzogenen Reflexe bewirken das Gegenteil des verfolgten Zwecks. All das, was Konservative in normalen Zeiten zu wertvollen Stützen von Staat und Gesellschaft macht, macht sie unter den heute gegebenen Voraussetzungen zu unfreiwilligen Helfershelfern der Auflösung.

Ihre tradierte Loyalität gegenüber gegebenen Strukturen stabilisiert nicht mehr die Gesellschaft, sondern stützt ein Establishment, das eine Politik der Revolution von oben betreibt, und leistet damit auch dieser Revolution Vorschub. Diese Lage zu erkennen hieße vieles über Bord zu werfen, was man von Kindesbeinen an für wahr, gut und richtig zu halten gelernt hat. Also wird die Lage nach Kräften ignoriert – psychologisch verständlich, politisch fatal:

Konservative versuchen, just die Machthaber zu beschwichtigen, die sie bekämpfen müßten. Ihre Politik, durch höfliche, sachlich fundierte Kritik zu den etablierten Eliten (wieder) zugelassen zu werden, geht an der Tatsache vorbei, daß den Adressaten die inhaltliche Richtigkeit der Kritik völlig bewußt ist – was ihnen aber fehlt, ist der gute Wille, es besser zu machen: Das destruktive Moment ihrer Politik ist nicht Versehen, sondern Absicht, weswegen sie in den sie kritisierenden Konservativen auch nicht die loyalen Bürger sehen können, die sie sind, sondern zu bekämpfende Feinde.

Deren Appeasementpolitik wiederum impliziert die Distanzierung von allen Positionen, Personen und Bewegungen, die konsequent oppositionell sind und den von den Eliten praktizierten Bevölkerungsaustausch durch einen Elitenaustausch beantworten und beenden wollen. Mit dieser Art von rechter Opposition wollen Konservative nicht in Verbindung gebracht werden, weil sie ihr in der Tat nicht angehören, so groß die inhaltlichen Schnittmengen (mit Tendenz zu einhundert Prozent) auch sind. Das tief verinnerlichte staatstragende Selbstverständnis läßt eine Konfrontationsstrategie, wie sie von nichtbürgerlichen Konservativen – vulgo Rechten – befürwortet wird, nicht zu.

Unter diesen Prämissen bleibt nur die Option einer Unterwanderungsstrategie, wie sie die Linken erfolgreich vorgemacht haben. Konservativen fehlt aber in aller Regel die für eine solche Strategie nötige Solidarität untereinander, der selbstgerechte Fanatismus, die Unterstützung durch mächtige Bündnispartner innerhalb des Establishments, die Kompatibilität ihrer Ziele mit denen der herrschenden Geldmachteliten und meist auch das Rückgrat, zu minoritären Positionen auch bei Gegenwind zu stehen – alles Eigenschaften und Vorteile, die die Achtundsechziger hatten. Bestenfalls würde eine solche Strategie darin münden, daß einige Konservative vom Establishment kooptiert und ruhiggestellt würden, womit der politische Sinn der Operation aber verfehlt würde.

Konservativen ist durchaus bewußt, daß sie auch für diese Strategie auf die Unterstützung breiter Massen angewiesen sind. Ihr borniert er Elitismus macht es ihnen aber unmöglich, sich selbst als Teil einer autonom agierenden und ihre Interessen vertretenden Volksbewegung zu sehen. Die Plebs soll gut genug sein, als Steigbügelhalterin konservativer Gernegrößen, Gutsherren und vermeintlicher Staatseliten im Wartestand herzuhalten – aber bitte nicht mehr!

Diese Angewiesenheit auf Menschen, denen man andererseits nichts schuldig zu sein glaubt, ist der Grund dafür, warum Konservative dieses Schlages oft genug eine nicht nur komische, sondern auch ausgesprochen häßliche und verachtenswerte Figur abgeben. Und warum sie ihre Ziele verfehlen werden, wenn sie sich nicht dem schmerzlichen Prozeß einer kritischen Selbstbefragung unterziehen.

Anmerkungen

1 Manfred Kleine-Hartlage, *Ansage*, Verlag Antaios, Schnellroda 2019
2 Armin Mohler, *Die Liberalenbeschimpfung* (Vortrag), CD, 22 Minuten; vgl. auch ders., *Gegen die Liberalen*, Verlag Antaios, Schnellroda 2010
3 Zu den politischen Implikationen dieser und anderer Begriffe siehe Manfred Kleine-Hartlage, *Die Sprache der BRD. 145 Unwörter und ihre politische Bedeutung*, Verlag Antaios, Schnellroda 2015
4 Ausführlich entwickelt wird dieser Gedanke in Manfred Kleine-Hartlage, *Die liberale Gesellschaft und ihr Ende. Über den Selbstmord eines Systems*, Verlag Antaios, Schnellroda 2013
5 Manfred Kleine-Hartlage, »Die Kultur des Verrats«, in: *Die Besichtigung des Schlachtfelds*, Verlag Antaios, Schnellroda 2016, S. 205
6 Manfred Kleine-Hartlage, »Rebellion gegen die Lüge«, in: *Die Besichtigung des Schlachtfelds*, Verlag Antaios, Schnellroda 2016, S. 221
7 Manfred Kleine-Hartlage, *Neue Weltordnung*, Verlag Antaios, Schnellroda 2011, S. 88ff.
8 Manfred Kleine-Hartlage, »Scherbenlese – eine destruktive Vorarbeit«, in: *Die Besichtigung des Schlachtfelds*, a.a.O., S. 212f.

Kaplaken 62

Manfred Kleine-Hartlage

Ansage

88 Seiten, gebunden, 8,50 Euro
ISBN 978-3-944422-62-6

 Verlag Antaios
Rittergut Schnellroda, 06268 Steigra
www.antaios.de

Kaplaken 33

Manfred Kleine-Hartlage

Warum ich kein Linker mehr bin

96 Seiten, gebunden, 8,50 Euro
ISBN 978-3-935063-69-2

 Verlag Antaios
Rittergut Schnellroda, 06268 Steigra
www.antaios.de

Kaplaken 30

Manfred Kleine-Hartlage

»Neue Weltordnung«. Zukunftsplan oder Verschwörungstheorie?

96 Seiten, gebunden, 8,50 Euro
ISBN 978-3-935063-64-7

 Verlag Antaios
Rittergut Schnellroda, 06268 Steigra
www.antaios.de